스마일시니어는 십여년간 파트너 센터의 전반적인 업무를 지원해왔습니다.

관련된 일을 통해 경험한 일들과 터득한 다양한 노하우를

장기요양기관의 많은 분들과 나누고자 책을 출간하게 되었습니다.

스마일시니어 에듀는 본 책 외에도 다양한 영상교육과 대면교육을 진행하고 있습니다.

방문요양센터 폐업의 모든 것!편은

새로운 시작을 위한 장기요양기관 폐업과정이

힘들고 지치는 과정이 아닌,

아름다운 마무리를 위한 과정이 될 수 있길 바라며 출간하게 되었습니다.

귀한 의견을 내주신 장기요양관계자분들과 노인장기요양기관분들께

감사를 표합니다.

이 책이 나오기까지 함께 수고해주신 분들께 진심으로 감사드립니다.

- 스마일시니어 에듀 -

CONTENTS

1 장기요양기관의 휴업·폐업 신고
1. 신고대상 ·· 4
2. 신고절차 ·· 6
3. 처리방법 ·· 8

2 장기요양기관의 휴업·폐업시 자료이관
1. 이관 대상 기관 ·· 12
2. 이관 대상 자료 ·· 13
3. 이관 시기 ·· 13
4. 장기요양기관의 자료 이관 절차 ·· 14
5. 기타사항 ·· 15

3 폐업 프로세스
1. 장기요양급여제공자료 이관자료 목록 ·· 17
2. 폐업 프로세스 ·· 18

장기요양기관의 휴업·폐업 신고

1. 신고 대상

2. 신고 절차

3. 처리방법

01 장기요양기관의 휴업·폐업 신고

CHAPTER 01 신고대상

- 노인복지법상 노인의료복지시설과 재가노인복지시설이 시설을 휴지 또는 폐지하기 위해서는 **노인복지법에 의해 휴지·폐지 3개월 전까지 신고**
- 위 시설이 휴지·폐지될 때 장기요양기관 폐업·휴업 신고도 반드시 병행 처리하여야 함
- **노인장기요양보험법**상 장기요양기관이 휴업 또는 폐업을 하고자 하는 경우 **휴·폐업예정일 30일 전까지 신고**
- 장기요양기관 설치자 변경(양도·양수)의 경우는 폐업신고하고 신규로 설치신고하여야 하며, 입소(이용)자의 급여제공에 차질이 없도록 가급적 폐업일과 설치신고수리일을 동일일로 처리
- 사망 등으로 인한 급작스런 대표자 부재 시 수급자 보호를 위해 폐업처리를 일정기간 유예하고, 행정절차법 제10조에 따라 상속인 등 망인의 지위를 승계한 자가 폐업신고 후 신규 설치하도록 함
- 행정절차법 제10조(지위의 승계) ①당사자등이 사망하였을 때의 상속인과 다른 법령 등에 따라 당사자등의 권리 또는 이익을 승계한 자는 당사자등의 지위를 승계한다.
- 대표자 사망에도 상속인이 폐업신고 등을 해태하거나 시설·인력

01 장기요양기관의 휴업·폐업 신고

스마일시니어에듀_폐업예비

등 변경에도 변경신고하지 않는 경우 행정처분 또는 과태료 부과

- 장기요양기관 폐업·휴업 신고를 접수한 시·군·구의 장은 인근지역에 대체 장기요양기관이 없는 경우 등 장기요양급여에 중대한 차질이 예상되는 경우, 장기요양기관의 폐업 또는 휴업 철회를 권고할 수 있음

  * 노인장기요양보험법 제36조(장기요양기관의 폐업 등의 신고 등)
  * 노인복지법 제40조(변경·폐지 등)
  * 노인복집법 제43조(사업의 정지 등)

01 장기요양기관의 휴업·폐업 신고

CHAPTER 02 신고절차

신고자

1. 접수처

- 신고기관의 소재지를 관할하는 시·군·구

2. 신고 및 구비서류

- 장기요양기관 폐업·휴업 신고서(별지 제26호서식)

- 폐업 또는 휴업 의결서(법인의 경우만 제출)

- 수급자에 대한 조치계획서

- 장기요양기관지정서 또는 재가급여를 제공하는 장기요양기관 설치신고증명서 (폐업의 경우만 제출) 사본

- 장기요양 급여제공자료 이관계획서(또는 접수증)

- 노인장기요양보험법 제35조의2에 따른 장기요양기관 재무회계에 관한 서류 중 결산보고서

01 장기요양기관의 휴업·폐업 신고

시·군·구 행정사항

1. 신고접수
- 시·군·구 담당자는 사업자가 작성한 폐업·휴업 신고서와 구비서류의 유무를 확인한 후 서류 접수
- 노인복지법상 휴지 또는 폐지하는 경우 휴지·폐업 예정일 3개월 전까지 신고접수 가능하며, 노인장기요양보험법상 휴업 또는 폐업하는 경우 휴·폐업예정일 30일 전까지 신고접수 가능

2. 신고서 수리
- 수급자에 대한 조치계획을 충족하는 시설의 신고서류는 수리
- 자료이관, 수급자 보호조치 등 휴·폐업 전 조치할 사항이 완료되면 휴·폐업예정일 이전에도 신고수리 가능
- 수급자에 대한 조치계획이 미흡한 시설의 신고서류는 반려
- 인근지역에 대체 장기요양기관이 없는 경우 등 장기요양급여에 중대한 차질이 예상되는 경우, 장기요양기관의 폐업 또는 휴업 철회를 권고할 수 있음
- 장기요양 제공자료 이관계획서(또는 접수증)가 없는 시설의 신고서류는 반려

CHAPTER 03 처리방법

장기요양기관 폐업·휴업

1. 수급자 조치 계획서 검토

- 장기요양기관 폐업·휴업시 시설입소자 및 이용자 전원조치 등 수급자 조치계획서를 분석하여 입소자 등의 피해가 없도록 준비

- 시·군·구 담당자는 휴·폐업 또는 업무정지 등이 예정된 시설의 대표자가 행정처분을 회피할 목적으로 휴·폐업하거나 업무정지 기간에도 편법으로 영업을 하여 수급자의 권익이 침해되는 사례를 방지하기 위하여 필요한 조치를 하여야 하며, 특히 수급자 전원조치 검토 또는 시행 시 6개월 이상 정상 운영 중인 기관(행정처분 중이 아닌 다른 대표자가 운영하는 기관)에 우선적으로 전원 될 수 있도록 하여야 한다.

2. 입소(수급)자 보호조치 이행 여부 확인

- 특별자치시장·특별자치도지사·시장·군수·구청장은 시설의 폐업 또는 휴업의 신고를 받은 경우 신고인(해당 시설의 장)이 제출한 수급자 조치계획에 따른 이용자의 권익을 보호하

01 장기요양기관의 휴업·폐업 신고

기 위한 조치를 취하였는지 여부를 확인하여야 함
- 신고인이 제출한 수급자 조치 계획에 따른 수급자 보호 조치 계획 이행여부를 확인하고 필요할 경우 관할 공단지사에 서비스 이용지원 협조를 요청
- 또한, 노인장기요양보험법 제67조(벌칙)제3항2제3조에 따라 정당한 사유없이 권익보호조치를 하지 아니한 사람은 1년 이하의 징역 또는 1천만원 이하의 벌금에 처함.

3. 결과송부
- 장기요양기관의 폐업·휴업 처리 내용은 국민건강보험공단으로 송부
- 송부서류 : 접수서류 전체(신고서, 구비서류 등)

4. 장기요양 제공자료 이관계획서 검토
- 신고인이 제출한 제공자료 이관계획서에 이관예정일자를 확인하여 미이관시 과태료 부과됨과 서류를 공단으로 이관하여야 함을 안내

01 장기요양기관의 휴업·폐업 신고

장기요양기관 폐업·휴업 철회 권고

- 장기요양기관 폐업·휴업 신고를 접수한 시·군·구의 장은 수급자 조치계획서와 인근 지역에 대체 장기요양기관이 없는 경우 등 장기요양급여에 중대한 차질이 예상되는 경우, 신고서 접수일로부터 7일 이내에 장기요양기관의 폐업 또는 휴업 철회를 권고할 수 있음 (철회 권고 사유를 자세히 첨부하여 해당 장기요양기관에 문서 송부)
- 폐업·휴업 철회 권고를 받은 장기요양기관은 권고일로부터 14일 이내에 수용 여부를 결정하여 시·군·구에 송부하여야 함
- 입소(수급)자 보호 조치 계획 시행
- 신고인이 철회권고를 수용하지 않을 경우 시·군·구의 장은 신고서 구비서류인 수급자 조치 계획서에 따른 수급자 보호조치 계획 이행여부를 점검하고, 필요할 경우 관할 공단지사에 서비스 이용 지원 협조를 요청하는 등 수급자 보호조치에 만전을 기하여야 함

장기요양기관의
휴업·폐업시 자료이관

1. 이관 대상 기관

2. 이관 대상 자료

3. 이관 시기

4. 장기요양기관의 자료 이관 절차

5. 기타사항

02 장기요양기관의 휴업·폐업시 자료이관

CHAPTER 01 이관 대상 기관

구분	자료이관 대상기관	자체보관 또는 자료이관 대상
이관사유	▪ 장기요양기관의 자진 폐업 ▪ 지정 유효기간 만료 ▪ 행정처분 기관 (지정취소, 폐쇄명령) ▪ 단기보호 개편으로 인한 폐업기관	▪ 장기요양기관 자진 휴업

- 휴업 또는 폐업신고를 한 장기요양기관
  - 단, **휴업신고를 하는 장기요양기관**이 휴업 예정일 전까지 공단의 허가를 받은 경우 장기요양급여제공 **자료 직접 보관 가능**
  - 장기요양기관의 자진 폐업, 행정처분(지정취소, 폐쇄명령), 단기보호 개편으로 인한 **폐업은 자료이관 대상**
- 지정갱신을 하지 아니하여 지정 유효기간이 만료되는 장기요양기관
- 이관제외기관
  - 폐업사유가 "기관기호 통합"인 다음에 해당하는 기관은 실질적인 폐업이 아니므로 자료이관 대상이 아님
    - 양도양수 계약의 모든 권리가 포함된 경우(체납포함)
    - 동일부지, 동일대표자가 동일조건으로 기관기호 통합인 경우

02 장기요양기관의 휴업·폐업시 자료이관

- 기관종류가 동일한 경우(1→1, 2→2, 3→3)
- 행정처분(영업지원) 기관
- 일부 급여종류별 폐업 또는 휴업의 경우

CHAPTER 02 이관 대상 자료

1. 장기요양 급여계약에 관한 서류
2. 장기요양급여제공기록지
3. 방문간호지시서
4. 장기요양급여비용 명세서 부본
- 다만, 본인부담금 수납대장(노인장기요양보험법 시행규칙 별지 제34호 서식)을 작성하여 보존하는 경우 이를 장기요양급여비용 명세서 부본에 갈음
5. 2부터 4까지의 서류 중 전자문서로 기록 관리하고 있는 경우 그 전자문서

CHAPTER 03 이관 대상 시기

- 폐업·휴업하는 경우 : 폐업일 또는 휴업일까지
- 지정 갱신을 하지 않은 경우 : 지정 유효기간 만료일까지

CHAPTER 04 장기요양기관의 이관 절차

- (장기요양기관의 장) 휴·폐업시 보존기간 중인 이관하여야 할 자료를 휴업 또는 폐업일까지 별지의 공단이관 신청서와 함께 공단에 이관
- 이관하여야 할 자료
  1. 장기요양 급여계약에 관한 사항
  2. 장기요양급여제공기록지, 방문간호 지시서, 장기요양급여 명세서 부본(또는 본인부담금 수납대장)
- (장기요양기관의 장) 휴업신고시 장기요양급여제공 관련 자료를 직접 보관하고자 할 경우 별지의 자체보관 신청서를 휴업 예정일 전까지 공단에 제출
- (공단) 기관의 자료이관 신청 → 접수증 교부, 기관의 자체보관 신청 → 자체보관 계획 등을 검토한 후 허가
- 공단으로 이관된 폐업기관의 이관자료는 반환 불가

02 장기요양기관의 휴업·폐업시 자료이관

CHAPTER 05 기타사항

- 휴·폐업하는 장기요양기관이 자료이관 불이행할 경우 과태료 부과 대상

위반행위	근거법조문	과태료금액		
		1차 위반	2차 위반	3차 위반
노인장기요양보험법 제36조 제1항 또는 제6항을 위반하여 휴업신고 또는 자료이관을 하지 않거나 거짓이나 그 밖의 부정한 방법으로 신고한 경우	노인장기요양보험법 제69조 제1항 제4호	50	100	200

- 관할 시·군·구에서는 장기요양기관의 휴폐업시 동 지침의 내용을 필히 안내하여 이관 업무가 이행될 수 있도록 협조
- 폐업 후 발췌된 환수 건이 확인되는 경우 대표자의 자택으로 관련 우편물 발송

폐업 프로세스

1. 장기요양급여제공자료
   이관자료 목록
2. 폐업 프로세스

CHAPTER 01 장기요양급여제공자료 이관자료 목록

장기요양 급여제공자료 중 이관자료 목록(순서대로 편철)		
연번	서식	기록물 편철 순서 (급여종류별/연도별/수급자별)
1	노인장기요양보험 시행규칙 [별지 제36호서식]	장기요양급여 제공자료 공단이관(자체보관) 신청서
2	노인장기요양보험 시행규칙 [별지 제36호서식] 첨부서류1	장기요양급여 제공자료 이관 목록표
3	노인장기요양보험 시행규칙 [별지 제36호서식] 첨부서류2	장기요양급여 제공자료 분실 및 훼손 목록표
4	자원관리 업무처리지침 [별지 제14호서식]	위임장(대리인 신청시)
5	자원관리 업무처리지침 [별지 제2호서식]	확인서 (해당시)
6		배상책임보험증서
7		직원근무일지
8	장기요양급여 제공기준 및 급여비용 산정방법 등에 관한 고시·세부사항 [별지 제 24호서식]	프로그램관리자 및 사회복지사 업무수행일지
9	장기요양급여 제공기준 및 급여비용 산정방법 등에 관한 고시·세부사항 [별지 제 25호서식]	교육시간 관리대장
10	공정거래위원회 표준약관 제10068호 「장기요양급여 이용 표준약관」	계약서

03 폐업 프로세스

11	노인장기요양보험 시행규칙 [별지 제12호서식]	장기요양급여 제공기록지
12	노인장기요양보험 시행규칙 [별지 제24호서식]	장기요양급여 명세서 부본
13	노인장기요양보험 시행규칙 [별지 제34호서식]	본인부담금 수납대장 본인부담금 수납대장을 작성하여 보존하는 경우에는 장기요양급여비용명세서 부본에 갈음

CHAPTER 02 폐업 프로세스

※ 공단과 시군구 담당자와 각각 소통하여 폐업 서류 준비 및 진행을 합니다.

1. 공단에 통화 또는 방문하여 자료 제출방식 파악

- 지사별, 담당자별로 요구하는 방식이 다르기 때문에 먼저 꼭 문의 진행이 필요합니다.
- (공단) 배상책임보험증권, 출근부, 업무수행일지, 교육시간 관리대장, 계약서, 급여제공기록지, 본인부담금 명세서 총 7가지만 제출하면 되는지/ 추가 제출 자료가 있는지 확인 필요)
- (공단) 제출 자료들의 편철(제본)방식이 따로 있는지?
- 자료 하단 넘버링 여부(상하좌우)

03 폐업 프로세스

- 편철/제본 방식(스프링 제본, 떡 제본, 좌측 제본, 상단 제본 등)
- 편철/제본 표지 제목 작성 방법
- 매수 구분의 방식
- 편철/제본 분류 방식(급여종류별, 연도별, 자료별, 수급자 별 등)

2. [1번]의 방식대로 자료를 정리하고, 자료의 개수를 파악하여 [첨부파일1. 이관신청서]에 작성

- 장기요양 급여계약에 관한 서류 : 계약서+개인정보활용동의서 등
- 장기요양급여 제공 기록지 등 : 급여제공기록지, 배상책임보험증권, 출근부, 업무수행일지, 교육시간 관리대장
- 장기요양급여비용명세서 : 본인부담금명세서 or 본인부담금 수납대장
- 위 제출 서류들의 수량을 파악하고 정리
- 1차) 년도 순으로 1차 분리
- 2차) 어르신 성함기준 가나다순으로 정리
- 3차) 공단 방식에 따라 넘버링 진행
- 4차) 공단 방식에 따라 편철(제본)
- 자료정리 시, 주의사항
- 계약서를 제외한 위 자료 중 전자문서로 기록 또는 관리했을 경우 그 전자문서 이관(출력하여 제출 권장)
- 개설부터 현재까지 서비스를 한 번이라도 받은 어르신의 자료는

03 폐업 프로세스

모두 이관

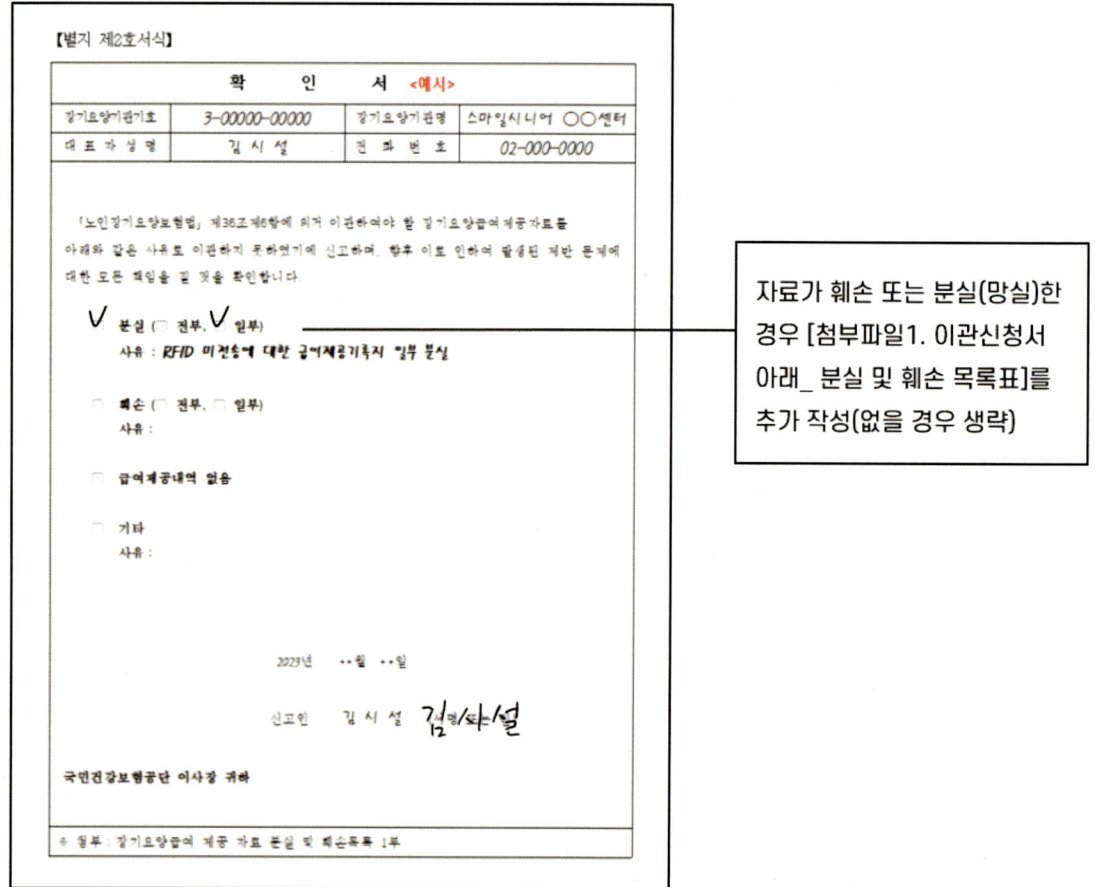

3. [2번]의 자료가 완료되면 공단 방문

- 서류 검토 등에 장시간이 소요되기 때문에 꼭 방문 전 공단 직원과 방문 일정 조율한 뒤 방문해주세요.
- **공단방문 시, 준비서류(대표자 본인 방문)**
- 이관신청서 + 이관자료 + 신분증 + 인감(센터)도장 + 공단에서 추가 요청한 서류
- **공단방문 시, 준비서류(대리인 방문)**
- 이관신청서 + 이관자료 + 인감증명서 + 대리인신분증 + 인감

03 폐업 프로세스

도장이 찍힌 위임장(양식 없음)

4. 공단이관 완료

- 서류에 이상이 없을 경우, 인계자(대표자)와 인수자(공단직원) 서명 후 자료를 인계합니다.
- 서류가 미흡한 부분은 2주~한 달 정도의 유예를 요청 할 수 있습니다. (유예기간 내 이관하지 못 할 경우 문제의 소지가 있으니 주의)
- 정상적으로 이관이 완료될 경우, [이관신청 수령증] 또는 [이관신청 접수증]을 받을 수 있습니다.
- 수령증 : 이관이 정상 처리된 상태
- 접수증 : 이관중에 있는 상태(접수증만으로도 시·군·구 폐업진행 가능)

5. 시·군·구에 폐업신고 진행

- 이관신청 수령(접수)증을 공단에서 받았다면 해당자료를 가지고 폐업을 신고할 수 있습니다.
- 필요서류
- [첨부파일2. 폐지·휴지 신고서]
- [첨부파일3. 폐업·휴업 신고서]
- [첨부파일4. 수급자 조치계획서]
- 이관신청 수령(접수)증

03 폐업 프로세스

- 설치신고증명서(원본) - 기관직인(인감)
- 폐업·휴업 의결서(법인만)

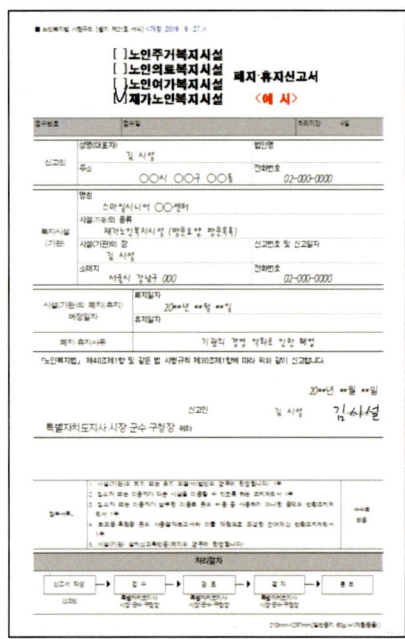

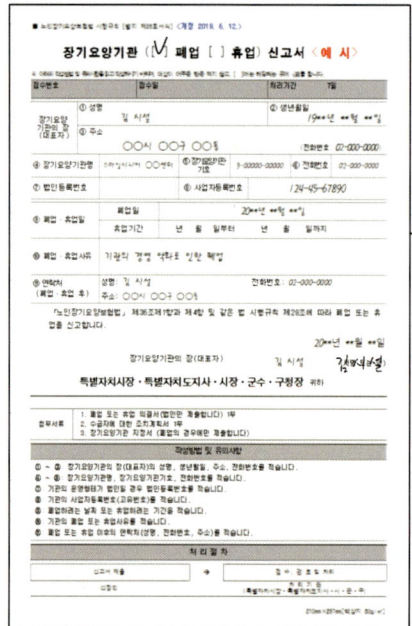

**첨부파일2
폐지·휴지 신고서**

**첨부파일3
폐업·휴업 신고서**

· 이관신청 수령(접수)증을 공단에서 받았다면 해당자료를 가지고 폐업신고를 할 수 있음

첨부파일4 수급자조치계획서
폐업기준 수급자가 없을 경우에는 작성 할 필요 없음

03 폐업 프로세스

- W4C / 희망이음을 통한 결산보고를 진행합니다.
- 신청서를 작성하여 시·군·구에 방문하면 7일 이내에 폐업 처리가 완료됩니다.

6. 세무서 폐업신고 진행

- [첨부파일5. 사업자등록증 통·폐업 신고서]와 사업자등록(고유번호)증 + 신분증을 지참하여 진행합니다.
- 대리인이 가는 경우 사업자등록(고유번호)증 대표자 신분증, 대리인 신분증, 인감(직인) 날인된 위임장을 지참하여 방문합니다.
- 홈택스를 이용하여 폐업 신고 진행도 가능합니다.

방문요양센터 폐업의 모든 것!

1판1쇄 2023년 3월 1일
지은이 : 스마일시니어
출판기획 : 김슬기
제작담당 : 김슬기, 윤주희
표지디자인 : 권혁희
펴낸곳 : 스마일시니어
주소 : 서울특별시 강남구 테헤란로2길 27 패스트파이브1403호
전화 : 1661-5290
이메일 : smile_edu@kslab.co.kr
홈페이지 : https://partner.smilesenior.co.kr/
ISBN : 979-11-977143-6-8

이 책은 저작권 법에 의해 보호받는 저작물이므로 무단 전재와 무단 복제를 금합니다.

* 잘못 만들어진 책은 교환해드립니다.
* 책값은 표지에 있습니다.
* **운영관련 업무통합본을 제공합니다.**
  구매 사이트 정보와 결제 증빙 자료를 포함하여 smile_edu@kslab.co.kr로 메일 접수시 구매 여부 확인 후 제공합니다.